Discapacidades y diferencias

Todos nos movemos

Rebecca Rissman

Heinemann Library
Chicago, Illinois

Customer Service 888-454-2279
Visit our website at www.heinemannraintree.com

Translation into Spanish by Double O Publishing Services
Printed in China by South China Printing Company Limited

13 12 11 10 09
10 9 8 7 6 5 4 3 2 1

ISBN-13: 978-1-4329-3645-7 (hc)
ISBN-13: 978-1-4329-3651-8 (pb)

Library of Congress Cataloging-in-Publication Data
Rissman, Rebecca.
  [We all move. Spanish]
  Todos nos movemos / Rebecca Rissman.
     p. cm. -- (Discapacidades y diferencias)
  Includes index.
  ISBN 978-1-4329-3645-7 (hardcover) -- ISBN 978-1-4329-3651-8 (pbk.)
 1. People with disabilities--Orientation and mobility--Juvenile literature. I. Title.
  HV3022.R5718 2009
  362.4'0483--dc22
                              2009018073

Acknowledgments
The author and publisher are grateful to the following for permission to reproduce copyright material: ©agefotostock p. 4 (Bigshots); ©drr.net pp. 8 (PAGE ONE), 16 (Ronald de Hommel), 20 (Stuart Freedman) 23 middle (PAGE ONE); ©Getty Images pp. 6 (AFP/TEH ENG KOON), 7 (Patrick Byrd), 11 (China Photos), 12 (Brian Bahr), 14 (Doug Pensinger), 15 (Realistic Reflections), 21 (NBAE/Gergory Shamus), 22 (Amy Toensing), 23 bottom (Brian Bahr); ©Jupiter Images pp. 18 (Marc Romanelli), 19 (Thinkstock Images), 23 middle (Thinkstock Images); ©Landov p. 10 (REUTERS/Tony Gentile); ©shutterstock pp. 9 (dellison), 13 (Danny Warren), 17 (felix casio), 23 top (dellison).

Cover image used with permission of ©drr.net (George S de Blonsky). Back cover image used with permission of ©Realistic Reflections (Getty Images).

Every effort has been made to contact copyright holders of any material reproduced in this book. Any omissions will be rectified in subsequent printings if notice is given to the publisher.

Contenido

Diferencias

Todos somos diferentes.

¿Cómo nos movemos?

Las personas se mueven de diferentes maneras.

Las personas se mueven para ir de
un lugar a otro.

Maneras en que nos movemos

Algunas personas corren.

Algunas personas caminan.

Algunas personas bailan.

Algunas personas nadan.

Algunas personas compiten en carreras.

Algunas personas escalan.

Algunas personas esquían.

Algunas personas andan en triciclo.

Algunas personas brincan.

Algunas personas se columpian.

¿Por qué nos movemos?

Las personas se mueven para
estar saludables.

Las personas se mueven para
ser fuertes.

Algunas personas se mueven para reír.

Las personas se mueven para jugar.

Todos somos diferentes

Todos somos diferentes.

¿Cómo te mueves tú?

Palabras para aprender

bastón palo que usan algunas personas para caminar

prótesis parte del cuerpo hecha por el hombre. Las personas usan prótesis.

silla de ruedas una silla con ruedas. Algunas personas usan sillas de ruedas para trasladarse.

Esta sección incluye vocabulario relacionado que puede ayudar al niño con el aprendizaje de este tema. Use estas palabras para explorar el concepto de movimiento.

Índice

Nota a padres y maestros
Antes de leer
Comente las maneras en que somos iguales y diferentes. Comente cómo algunas diferencias son físicas o mentales y cómo algunas existen porque a distintas personas les gustan cosas diferentes, pero que todos somos especiales y de igual importancia.

Después de leer
Pida a los niños que comenten diferentes maneras de moverse. Haga una lista en el pizarrón con sus sugerencias. Después, salgan afuera o al pasillo y anime a los niños a probar cada tipo de movimiento, como caminar, correr, saltar, dar vueltas, gatear o bailar.